JN439722

가이사의 것은 가이사에게로

권수진 시집

시인동네 시인선 188

권수진 시집

가이사의 것은 가이사에게로

시인동네

시인의 말

아직 못다 한 말이 남아서
7년이란 긴 세월을
불면의 고통 속에 시달려야만 했다.

그사이 나를 살게 한 순간들과
죽고 싶은 순간들이 조우했다.

여전히 할 말은 많은데
여전히 할 말이 없다.

2022년 10월
권수진

차례

제2부

제3부

제4부

제1부

너를 기다리며

향유고래라 부르기도 하고 말향고래라고도 했다

잠시 한눈팔면 중심을 잃고 쓰러지고 마는 거친 난바다에서

부유하는 섬처럼 떠돌았다

고래 심줄처럼 질긴 사랑을 놓지 못했다

서로 지향하는 길이 달라서

너는 뭍으로 진화하고, 나는 지금도 신생대 어디쯤 머물러 있다

몇 헤르츠로 주파수를 맞추어야 할지 몰라

멍하니 수평선만 바라보고 있다

고래가 수면 위로 다시 떠오를 때까지

턴어라운드

달리는 차들이 멈추고
멈춘 자들이 걸어가는 시간

우리는 같은 공간 안에서
서로 다른 신호체계를 가지고 산다

내가 걸을 때 너는 멈추고
네가 달리면 나는 서 있는
내가 본 녹색등이 너에게는 적색이었다
네가 차가울수록
나는 뜨거워지듯

다시 시간을 돌이킬 수 있다면
그때 그 시절
나는,
나를 향해 돌진하는 저 차량과 정면으로 부딪치는
담대한 용기를 지녔을까

세월은 무서운 속도로 흘러갔네

인파로 북적이는 횡단보도 앞에서
너는 너대로
나는 나대로

각자의 길을 걸어가는
무수한 보행자들

등대지기

스스로 유배지를 자처하며 고립무원으로 사는 이들이 있다

인적이 드물수록 절해고도의 비경은 장관을 이루었다

바람을 타고 흘러온 홀씨들이 외딴섬 곳곳에 뿌리내린 곳

기암절벽 사이로 갈매기 떼 날아와 둥지를 틀고 있었다

알아주는 이 없어도 때가 되면 저절로 피는 것이 꽃의 방식이라면

밤마다 어둠을 밝히는 것은 등대의 일이었다

출항을 앞둔 배들이 만선을 염원하는 뱃고동 소리를 길게 내뿜고 있다

바다는 파란만장한 우리네 인생 같아서

잔물결 속에서도 거센 풍랑이 일고, 파도는 멈추는 법을 몰랐다

저 멀리 고단한 여정을 마친 고기 떼가 다시 섬으로 밀려오기 시작하면

망망대해 표류하던 내 삶도 점등인의 별이 되어 깜빡거렸다

바다 위에서 흔들리지 않는 것은 아무것도 없었다

페르소나

진실은 늘 불편하기 마련입니다
'좋아요'와 '구독하기'를 열심히 누르지만
과장된 측면이 없지 않아 있습니다
당신은 지금 당신의 마음속에 몇 개의 얼굴을 숨기고 있습니까
직접 대면하고 싶은 모습들과
피하고 싶은 현실 사이 괴리감
오늘도 어김없이 태양이 떠오르고 있습니다
사실 이 태양은 과거의 허상에 불과한데
당신은 믿습니다, 조금 전 동쪽에서 서쪽으로 지는 해를
몇억 광년을 지나 빛의 속도로 달려온
지구가 자전하는 것인 줄도 모르고
단지 눈으로 보는 것만이 전부가 아닙니다
눈을 감으면 적막한 어둠이 찾아옵니다
당신은 밤하늘의 별들이 명멸하는 이유를 알고 있나요?
캄캄한 하늘 위로 미리내가 떨어지면
지구 반대편 어딘가에서
생을 마감한 생명체가 사라지는 것이라고

당신은 어디서 들은 적 있습니다
사실 운석은 무생물이라서 죽고 사는 문제가 없는 것인데
행성은 늘 같은 방향으로만 윤회를 떠돕니다
당신은 하루에 몇 번이나 당신을 만납니까
그동안 진실을 고백한 경우는 몇 번입니까
진실을 고백할 만한 상대는 있습니까
내일은 내일의 태양이 다시 떠오를 것입니다
맑은 날에는 항상 우산을 준비해 두세요

꽃놀이패

너에게 승부를 거는 동안
늘 우아한 자태를 뽐내려고 노력했지만
당신 앞에 추악한 내 모습을
들킨 적 없다고는 말하지 않겠다

범사에 감사한 마음으로
꽃잎 띄운 술잔을 정중히 건넸으나
당신은 한 번도 속마음을 밖으로 드러낸 적 없었다

당신을 만나 당신의 터전 위에 뿌리내리고
집을 짓고 사는 동안
웃는 날보다 싸운 날들이 더 많았다

길 위에서 낭창대는 삶을 살았으니
그동안 당신 마음 어디에 두고 있었는지
감히 안다고는 말하지 않겠다

긴 세월 돌아보면 모든 게 일장춘몽이었으니

더는 사랑이라 부르지도 않겠다

고립무원의 꽃 진 자리는 항상 내 몫인지라
간밤에 우수수 떨어진 바둑돌 낭자하고
패를 뒤집듯 밤새도록 이불을 뒤척인다

하루를 천년같이 고뇌하며 살았으나
대마가 죽는 건 순간이라고
그때 당신을 꺾지 말아야 했다
좀 더 일찍 시드는 법을 배워야 했다

함께한 날들을 뒤돌아보면
과연 행복한 시절이 있었는가 싶다

다음 생에 다시 승부를 펼친다면
사활을 걸고 덤벼야 한다는 건 알겠다

코스모스

돌이켜보면 내 인생은 실패의 연속이었다
곧게 뻗어야 할 장소에서 휘어지고
머리를 숙여야 할 자리에서
빳빳하게 고개를 치켜세웠다
오래 머물러야 할 곳은 떠나고
단호하게 끊어야 할 순간에는
끈질기게 물고 늘어지기만 했다
가을만 되면 꽃이 피는데
낭창대는 꽃대궁 들쑥날쑥하다
그동안 살아온 내력이
알록달록 요란하기만 하다
신록 무성할 줄로만 알았던 시절은 가고
산새 소리 영원할 줄 알았던 계절도 가고
동면으로 들어선 독이 잔뜩 오른 독사들
메마른 가지 위에 위태롭게 매달린 낙엽들
밤낮으로 기온 차가 심해지고 있었다
밤이 점점 길어지고 있었다
얼른 죽고 싶은 가을이었다

되는 일이라곤 하나 없이
저절로 한숨만 나오는 나에게
높푸른 하늘이 조용히 말을 건넨다
처음에는 누구나 다 그런 거라고
신도 처음엔 실수를 한다고

노총각에서 독거노인 사이

군대를 전역한 후의 일이었다 나도 언젠가 때가 되면 결혼 정도는 하겠지 생각했다 처음엔 은행원을 배우자로 생각했다 평소 숫자에 약해서 계산이 밝은 여자가 눈에 띄었다 서른 즈음엔 영양사를 아내로 생각했다 요리 잘하는 여자를 만나면 적어도 밥은 굶지 않을 것 같았다 마흔 전후로는 술집을 경영하는 여자를 생각했다 술을 자주 마시다 보니 대작(對酌) 가능한 사람이 통할 것 같았다 그사이 유치원이나 초등학교에서 교편을 잡는 여자도 괜찮을 것 같았다 먼 훗날 아이를 낳게 되면 양육에 필요한 지혜를 갖춘 여인이 필요할 것 같았으므로

그리하여 결국 나는 혼자가 되었다
그냥 혼자 살기로 했다

사람들은 결혼을 안 하는 것이 아니라
못하는 것이라 했다

지옥고*

선택의 여지는 별로 없었다

가장 높은 곳이거나
가장 낮은 곳이거나
비좁은 공간이거나

그곳에 일단 둥지를 틀고 나면
가장 낮은 사람들이
가장 높은 곳을 향해서
비상하는 꿈을 꾸곤 했다

꿈은 언제나 꿈일 뿐
가장 꽃다운 청춘들이 모여
노년을 맞이할 때까지

추락하는 일만 남은 이곳
온 세상 지옥 아닌 곳 없었으니

---

* 지하와 옥탑방, 고시원에서 주거하는 빈곤 가구의 고충을 표현한 신조어.

데칼코마니

네모난 일생을 반으로 접었다
지난날 못다 한 추억을 활짝 펼쳤다

접었다 펼쳐놓은 좌우대칭

설명할 수 없었다
그땐 왜 그랬는지, 너는 왜 그랬는지

아직도 묻는다면
그냥 나비라고 부르자

우린 서로에게 날개를 달아줬으니
푸른 하늘 저 멀리
드넓은 세상을 보게 되었으니

내 주위에선
여전히 설명할 수 없는 일들이 벌어지지만

해가 지면 달이 뜨고
달이 차면 기울고
절반의 기억을 찍어 누르며 살아온 세월

모든 게 변명처럼 들리겠지만
너는 여전히 아름다웠고
나를 살게 했다

새하얀 노화지 위에 지울 수 없는
얼룩진 문양을 이제는 이해할 것 같은데
건네지 못한 말이 너무 많은데

너는 이미 날아가고 없구나
아주 멀리 훨훨—

독신주의

그때 그러지 말아야 했다, 너는
한때 나는 이러지 말아야 했다

그때 그래야 했다, 나는
한때 이래야 했다, 너는

나는 한때 그러지 말아야 했고
그때 너는 이러지 말아야 했다

너는 그때 그래야 했고
나는 한때 이래야 했다

그래 그래야 했다, 나는
그래 너는 이래야 했다

한때 너는, 그때 나는
그래야 하는지, 이래야 하는지

한때 나는, 그때 너는
이래야 하는지, 그래야 하는지

무슨 말인지 모르겠거든
한평생 독신으로 살아라

월영교

당신과 나 사이에
건널 수 없는 낙동강이 펼쳐져 있습니다

눈에 선명하게 보이지만
손을 뻗어도 닿을 수 없는 곳
가까우면서 멀고
멀고도 가까운 거리에 있는 월영정
기다리는 법은 아는데
다가서는 법을 모릅니다

하늘에서는 산들바람이 불고
시퍼런 강물은 피안과 차안 사이를 잘도 흐르건만
우리 둘 사이
머리와 심장 사이 거리가
너무 멀리 떨어져 있습니다

칠흑같이 어두운 밤
수면 위로 빛나는 푸른 인광은 누굴 위해

어둠을 밝게 비추는 걸까요
오늘도 뜬눈으로 긴 밤 지새우며
육날 미투리를 엮습니다

내년에 다시 만나자는 기약을 저버리고
당신은 어찌하여 강 건너 저편
먼 곳으로 떠나십니까

화창한 봄날 동백꽃이 피는데
붉은 꽃봉오리 툭툭 다 떨어질 때까지
나는 이승에서 당신만 바라보고
당신은 저승에서 저를 가만히 내려다봅니다
교각처럼 서로 엇갈린 인연
도도한 강물만 말없이 흐르고 있습니다

허수아비

추수가 한창인 저 들녘엔
황금물결 쓰나미처럼 출렁이겠다
머리에 밀짚모자 눌러쓰고
남루한 옷자락 바람에 펄럭이며
높푸른 하늘만 멍하니 바라보고 있다
모든 만물이 결실을 맺는 가을날
한평생 들러리 인생으로 살았으니
삐딱한 자세로 축 처진 고개 떨군다
산다는 건 때로는 어깻죽지 위로
참새 몇 마리 얹고 사는 것
알곡은 이미 가진 자의 몫으로 돌아간 지 오래고
호주머니 속에는 쭉정이들만 가득하다
찬바람에 목청이 쉬도록 재잘대는 아이들
앙상하게 뼈만 남은 처량한 몸뚱어리
등 따습고 배부른 날은 언제쯤 오시려나
벼는 익을수록 고개를 숙이고
잘난 사람들은 고개를 빳빳하게 세우는
피도 눈물도 없는 냉정한 세상

텅 빈 가슴에는 황량한 바람만 분다
지금껏 살아온 날들이
내 것인 것 하나도 없었으니
밤낮으로 서럽게 울던 매미 소리 그치고
바람결에 이리저리 흩어지는 낙엽들
겨울이 오려나 보다
곧 있으면 추운 겨울이 찾아오려나 보다

소나기

가늘고 길게 사는 동안
짧고 굵은 사랑을 했다

기억조차 흐릿한 그 어느 날
너를 위해서라면
내 모든 것 다 쏟아부어도
늘 뭔가 부족했던
뜨거운 여름

식지 않는 열정만으로 타오르는
사랑 아니었으므로
옷깃 붙잡는다고 머무는
당신 아니었으므로

흐르는 빗물처럼
정처 없이 흘러간 세월

여름 한철

목숨보다 소중한 사랑을 하고
주룩주룩 내리는 빗물처럼
원 없이 눈물을 흘려본 적 있다는 걸
그런 한 사람이
네게도 있었다는 걸

느닷없이 쏟아지는 빗줄기에
무슨 미련이 남아
저마 밑으로 떨어지는
빗소리를 듣는다

내 옷깃 다 젖는 줄도 모른 채

컵라면

저 용기 안에는
제아무리 뜨거운 열정을 쏟아부어도
결코 넘어서는 안 될
금단의 선이 그어져 있다

그의 입술이
면발처럼 꼬인 너의 인생과 접촉을 시도할 때
너는 스스럼없이 젓가락을 벌려
굶주린 자들에게 자비를 베풀어라

애초에 사랑 따윈 담은 적 없었으니
단돈 몇 푼이면 언제라도
가장 먹기 쉽고 간편하게 배달되어야 한다

네 가슴 깊숙이 밀봉해둔
과거를 찢었구나, 짜고 매운 눈물이
한가득 고여 진국이 되어버린
너를 마신 사람들의 평가는 다양할 것이다

분말스프처럼 응축된 피안의 세상을
처음 맛보는 순간만은
잠시 배부른 시절이었다

뚜껑 열린 머리말에서
모락모락 김이 나는 이야기가 되겠지만
시식이 끝난 사람들은
아무렇지도 않게 너를 폐기할 것이다

자석

자기장 근처에 다가서면

누가 먼저랄 것도 없이 서로 확 끌어당겼다가

언제 그랬냐는 듯 남남처럼 매정하게 획 돌아서는

N극과 S극 사이

누군가를 좋아하는 이유가 없듯

별다른 이유 없이

가까워질수록 멀어지는

사람과 사람 사이 벌어지는 자연현상

흔히 사랑이라고 하지

제2부

유레카

새는 하늘 위를 날아야 한다는 생각
치킨을 뜯다가
아뿔싸!

파충류는 모두 알을 낳아야 한다는 생각
까치 살모사를 보면서
아뿔싸!

시속 50km 속도로 날리는 곰을 향해
미련곰탱이라고 놀리다가
아뿔싸!

한 번의 실패나 성공이 영원할 거라는
그릇된 생각
아뿔싸!

몽당연필

그 누구를 위한 입신양명인가?
제 살을 도려내는 아픔으로
새하얀 백지 위에 지긋지긋할 정도로 썼다
지웠다, 반복되는 일상은
저 고지 위에 우뚝 솟은 명문대를
넘어서면 끝나는가 싶었다
사각사각 뼈를 깎는 고통으로
답안지를 조심스레 마킹해가며
층층이 쌓아 올린 스펙이라 불리는 첨탑
잘 포장된 이력서는 선물처럼
어느 회사나 들이밀면 반기는가 싶었다
두꺼운 수험서를 펼쳐놓고
끝이 보이지 않는 책장마다 밑줄을 긋는 동안
뾰족한 초심은 점점 뭉툭해져 갔다
예리한 칼날이 쫑긋한 각을 세워
무딘 내 마음을 정진하는 밤
돌이켜보면 삶의 중심 한가운데
흑심만 품고 살았나 보다

가눌 수 없는 육신을 볼펜대에 의지한 채
편백나무 향기를 모두 잃었으니
수없이 버려질 종이 위에
그 흔한 시 한 편 남기지 못했으니

아모르파티

동주보다 육사가 좋았다
비가 내릴 때마다
얼큰한 매운탕에 강소주를 자주 마셨다
막걸리와 파전을 생각하면
목구멍에서 지리멸렬한 가난이 올라왔다
니체보다 하이데거가 좋았다
숫눈을 사뿐히 밟으며
아케이드 프로젝트를 얼른 완성해야지
우린 아직 청춘이기에
벽에 걸린 시계 방향으로 달이 뜨고
늙은 여우는 꼬리를 감추었다
비밀을 숨길 수 없다면
시뮬라시옹은 무덤까지 안고 가야지
랭보를 좋아하던 시절엔
무작정 바람 부는 반대 방향으로 걸었다
구르는 돌에는 흔적이 남아서
기다리는 사람은 오지 않고
입보다 가슴이 먼저 앙가주망에 가닿았다

머리에 차곡차곡 벽돌이 쌓일수록
가족보다 돈이 더 좋았다
애인보다 술이 더 좋았다

프로네시스

아리스토텔레스를 아랫도리털나스로 외우라는
윤리 선생 밑에서 철학을 배웠다
소크라테스는 소쿠리테스로 발음하고
니체를 나체로 취급하기도 했다

21세기 우리의 고매한 사상가들은 너무 진지해서 너무 진부했다

발터 벤야민, 롤랑 바르트, 미셸 푸코, 자크 데리다
임마누엘 칸트는 질 들뢰즈를 낳고, 게오르크 빌헬름 프리드리히 헤겔은 슬라보예 지젝을 낳기도 했다

간혹 술자리에 모인 사람들끼리
노자와 장자를 혼동하거나
쇼펜하우어와 니체 사상을 짜깁기해서 차라투스트라를 설교할 때
천진난만한 아이처럼 해맑은 표정으로
그냥 웃고 즐기며 분위기나 띄우면 그만인 것을

오늘따라 술맛이 쓴 이유를 모르겠다
고배를 자꾸만 들이키는 이유를 잘 모르겠다

장 폴 사르트르는 메를로 퐁티를 낳고, 에드문트 후설은 자크 라캉을 낳고, 자크 라캉은 모리스 블랑쇼를 낳고, 레비나스는 줄리아 크리스테바를 낳고

꼬리에 꼬리를 물고 늘어지는
끈질긴 계보의 마지막 벼랑 끝에서
나는 지금껏 무슨 화두를 붙잡고 살았는가?

한 마리 제비가 날아와서 당신의 인생이 봄날인 줄 알았다

모든 질문이 먹고사는 문제로 귀결된다면
각자 능력에 맞는 응분의 몫이 주어져야 한다고
가이사의 것은 가이사에게로*

---

*마태복음 22장 21절.

카르마

인연을 또 다른 인연으로
갈아엎고자 했다

이 길 아니면 인생이 끝난 것처럼
전생의 업을
환생의 덕으로 뒤집었다

지은 죄가 많아서
속죄의 눈물이 마르지 않는
삼도천 너머

영겁 세월이 짓누르는 삶의 무게를 견디고 있다

윤회를 거듭할수록
깊어지는 번뇌가
새벽 산사의 고요한 풍경 소리 같았다

집착은 또 다른 집착을 낳고

허물은 또 다른 허물을 낳고
탐욕은 또 다른 탐욕을 부르는데

너란 사람은 도대체 어디에서
운명 같은 만남을 거부한 채
북망산천을 떠도느냐

손가락으로 무심한 저 달을 가리키며

부처를 만나면 부처를 죽이고
조사를 만나면 조사를 죽이느냐*

---

* 임제할덕산방.

무애가(無碍歌)

달이 차서 기우니 첫새벽이다
초개사(初開寺) 암자에 홀로 앉아
〈대승기신론〉 주석을 달다가
글을 접고 설총에게 편지를 쓴다
요석 공주의 안부를 묻기보다는
얼마 전 견당 유학을 마치고 돌아온
의상대사의 근황이 더 궁금하다
무명(無明)에 사로잡혀 살던 시절
정토(淨土) 신라를 꿈꾸었으나
해골 물 한 바가지에 대오각성을 했지
내가 가사와 장삼을 훌훌 벗어버리는 동안
내륙의 포구를 향해 쓸쓸히 걸어가던
의상의 뒷모습이 아련히 떠오른다
소성거사(小姓居士)라 자처하면서
대중 속으로 뛰어든 지도 오래
아직도 불법(佛法)에 대해서는 잘 모르겠다
허나 공(空)과 식(識)의 경계에서
논쟁만 일삼는 식충(食蟲)들보다야

무지몽매한 광대들의 춤사위가
부처님의 설법에 더 가까우리라
그들과 함께 춤추고 노래하며 즐기다가
기괴한 모양을 가진 표주박 위에
화엄경 한 소절을 새겨 넣는다
나무아미타불 관세음보살!

번개탄

고요한 어둠 속에
한 치 앞도 볼 수 없는 검은 미래가
내 어깨를 짓누를 때

눈보라 치는 혹한 속에서
온몸이 얼어붙는 절망의 순간

스물두 개의 구멍 사이로
금세 터질 듯한 화약을 쏟아붓고

작은 불씨 하나만으로 활활 타오르는
가슴 뜨거운 열정을 간직한 채

처음부터 안 되는 일이라고
모두 손사래 치며 등 돌린 저쪽을 향해

불나방처럼 뛰어드는 그런 날들이
나에게도 있었다

고슴도치

가시 돋친 말들이 쏟아지는 밤이었다
내가 나를 사랑하는 날들이 많았다
혼자 일어서는 법을 알지 못해서
너는 나를 찌르고, 나도 너를 찔렀다
한 사람조차 가슴에 품을 수 있는
가시덤불 속으로 땅을 판다
사방이 온통 가시로 뒤덮인 동굴 속에서
오랜 시간 동면 속에 잠들어 있었다
점점 은둔형 외톨이가 되어 갔다
멀리 있으면 보고 싶고
가까이 있으면 서로에게 상처를 주는
너와 나의 물리적 거리
떨어진 별들이 낙엽처럼 수북이 쌓여갔다
사랑에 빠질수록 상처도 깊어지는
가을이 오는 방식은 늘 같았다

여시아문

개에게도 불성이 있습니까?
나는 이와 같은 이야기를 들은 적 있다
가축을 사육하는 농장에서
어미 개가 여러 마리 새끼를 낳았는데
어느 날 개고기를 찾는 손님이 찾아와서
어미 개를 잡기로 작심한 주인
둔기로 개 머리를 사정없이 후려친다
충격의 여파로 머리 일부가 함몰된 어미 개는
한쪽 눈 동공이 전부 돌출된 채
필사적으로 도망쳐 탈출에 성공한다
과다한 출혈로 인해
비틀거리는 걸음마다 발 도장 꾹꾹 찍어가며
어미 개가 찾은 곳은 결국
굶주린 새끼들이 모여 있는 곳
죽음의 공포에 맞선 보호 본능으로
새끼들 옆에 누워 젖을 물린다
축축한 바닥에 엉덩이가 더럽혀진 새끼
엉덩이를 혀로 계속 핥는다

도살 현장을 목격한 사람이 찍은
동영상이 유튜브에 나돈다는 소문을 들었으나
나는 차마 그 영상을 찾아볼 수 없었다
다만 주변에서 흔히 볼 수 있는
개보다 못한 인간들에 대해서
자식이 부모를 봉양하는 마지막 세대들에 대해서
잠시 염불했다

잠자는 청어

우리 집 안방에 청어 한 마리 반듯하게 누워 있다
백내장 시술 놓친 동태눈을 감은 채
아가미 대신 반쯤 벌린 입으로 숨을 쉰다
해감내 진동하는 어시장 좌판 위에서
살아 펄떡이는 싱싱한 활어들을 다듬던 여자
바다를 마음껏 유영하던 시절을 꿈꾸는지
곤한 몸을 이리저리 뒤척인다
우리는 그녀의 살점을 발라먹고 자랐지만
늘 가시 많은 가난을 불평했을 뿐
앙상하게 뼈만 남은 그녀를 감싸주지 못했다
무더위가 기승을 부리는 한여름에도
한파가 몰아치는 한겨울에도
파라솔 펼쳐진 고무대야 속을 헤집으며
행상인 북적이는 거리를 파수병처럼 지키던 여자
온종일 노동에 지쳐 골병들어도
병원비 아끼느라 파스만 붙이고 산다
바다에서 육지로 시집온 이후부터
등 푸른 줄무늬 선명하던 옛 모습은 사라지고

그녀 몸에선 생선 비린내가 나기 시작했다
도마 위 칼질이 난무하는 험한 세상 속에서
토막토막 나버린 그녀의 상처를 위로하는
이는 없었다, 한평생 여자이기를 포기하고
자갈치 아지매로 거친 삶을 살아야 했던
파도를 짊어진 고달픈 인생이 저물고 있다

이택재의 밤

간밤에 휘영청 달이 차서 기우니 첫새벽이다
이택재에 홀로 앉아 『동사강목』을 집필하다 말고
뒤뜰 우물지에서 냉수 한 사발 벌컥 들이켠다
대낮에 활짝 핀 동백꽃 떨어진 그늘진 그 자리에
찌르륵 찌르륵 풀벌레 울음소리 처량하다
아직 새벽 밤공기는 차갑고 바람은 쌀쌀한데
몸져누운 성호 선생의 안위가 문득 궁금해진다
밤안개 짙은 뒤란은 한 치 앞도 볼 수 없이 깜깜하다
노론의 공세로 희빈 장씨가 사약을 받자
눈먼 임금의 흐릿한 판단력이 이와 같을까
길섶으로 난 이름 모를 풀 한 포기 고개 떨군다
눈가에 맺힌 이슬 촉촉이 옷소매를 적신다
당파의 거센 풍랑은 이내 잠잠해질 터
툇마루에 몸을 기대어 한없이 샛별만 바라본다
쉴 새 없이 부는 바람이 문지방 넘어 방문을 두드린다
이부자리 뒤척이며 밤잠을 설친 지도 오래
호롱불 밑에서 침침한 눈 비비며 다시 붓을 잡는다
밝음이 어둠을 집어삼키려는 박명의 순간

뒷산 너머 눈부신 조양이 앞뜰에 가득하다

알파고

꼭 원수가 아니라도
막다른 길목에서
정면승부를 펼쳐야 할 때가 있지
나는 상대를 잘 모르는데
상대는 나를 훤히 꿰뚫어 보는
미지의 바둑판 위에 첫 수를 두었네
정신을 오롯이 한곳에 집중해서
착수한 돌들은 모두
매 순간 최선을 다한 결과였지만
잠시 후 수읽기를 다시 해보면
묘수는커녕 패착에 패착을 거듭하는
정석이 통하지 않는 세상이었어
살면서 집 한 채 짓기는 왜 그리도 힘든지
시간이 흐를수록 실수는 잦아지고
내 입지는 점점 궁지로 내몰리고 있었지
한 수 한 수 바둑을 둘 때마다
도대체 이 길이 맞나 싶기도 했어
돌을 확 던지고 싶을 때가

한두 번이 아니었다고
그냥 이대로 판을 접고
미련 없는 한세상 끝내고도 싶었지만
일말의 희망을 포기하진 않았어
사실 인생이란 알 수 없는 거잖아
이러지도 저러지도 못하는
절망의 끝자락에서
죽기 살기로 매달려 버티다 보니
번뜩 신의 한 수가 보이더군
신은 인간을 그런 식으로 돕는가 봐

동사강목도(東史綱目圖)*

압록강과 두만강을 아름드리 품고 있는
거대한 대륙이다
붓끝이 스치고 지나간 자리마다
굽이굽이 능선을 타고 승천하는 가파른 길
날던 새도 한 번쯤 쉬어야 넘어가는
백두산 천지를 호젓하게 소요(逍遙)하는 자만이
장엄한 주몽의 영지와 통할 수 있다
용추계곡 흐르는 물소리에 이끌려 관문을 들어서면
최영 장군의 넋이 일장검 짚고
성벽에 걸터앉아 선정(禪定)에 들어간 시각
구룡(九龍)의 꼬리가 굽이치듯
붓선 한 획(畫)이 휘어진 그 자리에
사라진 용마루 점(點)을 찍는다
죽비(竹篦)로 뒷골을 내리치듯 차가운
약수 한 사발 마시고 나면
멀리서 아련히 들려오는 발해 민족의 말발굽 소리
소리꾼이 깨달은 득음이다
명창의 공명이 고수의 북채와 하나 되는

물아일체(物我一體)의 경지다
양지바른 개마고원에 석양이 지고
만주벌판과 유라시아 대륙에 서서히 해가 뜨면
울창한 숲에 가려진 광활한 대평야가
파묵(破墨)기법으로 조금씩 제 모습을 드러내는
한 폭의 진경산수화가 활짝 펼쳐진다

*안정복의 『동사강목』 부록에 실린 지도.

선의의 제3자

신입생 후배들에게 실컷 술 사주고
그 다음날 노가다 뛴 일당으로 외상값 지불하던
학교 선배를 만난 적 있다

막차가 끊기도록 술을 마신 뒤
거나하게 취한 내 손에 택시비를 건네주며
정작 본인은
차가운 밤거리를 걷는 친구도 있었다

문학에 관심은 많은데
형편이 녹록지 않아 생활전선에 뛰어든 한 여인이
내가 보내준 시집에 기어이 값을 치른다

그들은 모두 시인을 동경하는 것만 같았다
꼴에 시인이랍시고
어떻게든 문단 말석이라도 비집고 들어가려는
내 삶을 참 많이 부러워했다

술값이나 밥값을 먼저 계산하고
볼품없는 시집도 구매해가며
자기 주변에도
아는 시인이 있다는 걸 자랑스러워했다

그들을 만날 때마다
얼굴이 화끈거리는 경우가 많다
비루하고 가난한 내 처지가
부끄러워서 꼭 그런 것만은 아니었다

등단 이후 지금까지
문인들 사이에서
이런 대접을 한 번도 받아본 적 없었다

시계

오차 없이 정확하게

찔러도 피 한 방울 나오지 않을 것 같은 사람들도

이별을 대면하는 순간만큼

사랑하는 사람의 반경 범위 내에서

째깍째깍 주변을 맴돌다가

다시 원점으로 되돌아온다는 것을

기다려본 자들은 안다

제3부

고린도전서 13장 13절

천 길 낭떠러지 앞에서
사랑하는 이가 나를 떠밀 때
결코 떨어지지 않는다는
나의 확신은
그 사람에 대한 믿음 때문이었다고

설령 내가 떨어져서 추락할지라도
시야에서 멀어지는 그 사람을 바라보며
웃을 수 있었던 것은
언젠가 그 사람이 손을 내밀어 줄 것이라는
소망이 있었기 때문이라고

추락하는 마지막 순간까지
내가 죽음을 맞이하는 일보 직전
그 사람을 용서할 수 있는
그게 바로 사랑이라고

시뮬라크르

낯선 그녀에게서
오래도록 함께한 그녀의 옆모습이 비칠 때
이런 말을 건넬 수 있다

혹시 우리 어디서 본 적 없습니까?

생쥐처럼 작고 귀여운
그녀가 깜짝 놀란 토끼 눈으로
나를 쳐다본다면
이런 말을 들을 수 있다

글쎄요, 저를 어떻게 아시나요?

우연히 낯선 공간 안에서
익숙한 풍경들이 떠오를 때면
낯선 도시에 모인 낯선 사람들끼리
서툰 수작을 걸면서

전생의 인연이 잠시 머물다 간 지금, 이 순간

행여 그녀가 수줍은 미소를 보인다면
쓸쓸하고 외로운 내 눈빛을 읽는다면
이런 말을 전해야 한다

혹시 시간 있으면 차라도 한 잔

내 생에 운명 같은 만남이 찾아와도
입 안에서만 맴돌다가
단 한 번도 내뱉지 못한 말

참, 아름다운 밤입니다
고맙습니다

아비투스

회를 먹지 않지만, 생선구이는 좋아한다
날 당근은 먹는데
익힌 당근은 안 먹는다

회를 먹지 못한다고 하니
사람들은 생선을 싫어한다고 한다
익힌 당근이 싫다고 하니
채소를 전혀 안 먹는다고 한다

소고기보다 돼지고기를 좋아한다
콩나물 대가리는 안 먹는데
콩나물은 좋아한다
순대는 먹는데 육회를 못 먹는다

나를 잘 아는 사람들이 말한다
날계란이 싫다고 하니
입이 참 고급이라고 한다

입이 고급이 아니라
입맛이 까다로운 것이라 하니
너 자신을 좀 알라고 한다

나는 도대체 누구인가?
이 세상엔 누구보다 나를 잘 아는 사람들이
너무 많다

면 종류는 대체로 좋아한다
양파는 익힌 것이든
날것이든 상관없이 다 잘 먹는다

계단

차근차근 올라오라고 했다
욕심 부리지 말고
그러나 쉼 없이, 부지런히, 끊임없이

한 계단, 두 계단 오를수록
더 넓은 세상을 볼 수 있을 거라고 했다

내 인생, 오르막길인 줄 알았는데
사실은 내리막길이었다

휘발유도 오르고
전기세도 오르고
물가도 오르고
계란도 오르고
양파도 오르고

내 월급은 늘 제자리였다

학교에서 배웠던 것처럼
천천히 걷더라도 뒤로 걷지 않는다면

가장 높은 곳에 오르기 위해서는
가장 낮은 곳에서부터 시작해야 한다고,

우리네 인생길 아무리 험난해도
오르고 또 오르면
못 오를 리 없건만

나만 빼고 모두 다 오르기만 한다

마스크와 마이크

코로나가 창궐하니 사람들은 저마다
자기 입에 재갈을 물렸다

마이크가 꺼지고 스피커가 꺼지고
스스로 침묵하는 법을 배웠다

내 목소리의 볼륨이 줄어들자
다른 사람 이야기가 들리기 시작했다

오직 내 경험만이 세상 전부이자
정답으로 여기며 살았던 세월

눈에 보이는 것만이 전부가 아니란 걸 알았다
눈을 감아도 보이지 않던 것이 보였다

그중에 어떤 것은 향기가 나고
어떤 것은 악취가 났다

마스크 하나 달랑 썼을 뿐인데
마스크가 이토록 소중한 물건인 줄 몰랐다

묵언수행이 길어질수록
사람의 오감 중에
유독 입이 하나인 이유를 알았다

코로나가 기승을 부릴수록
온 세상이 온통 환하다

아방가르드

혁명은 멀고
술은 가까워

익숙한 거리에서 발목을 자주 접질렸다

마르크스 『자본론』을 읽은 지 엊그제 같은데
우리가 그토록 바라던 내일은
내 일이 아니었으므로
아직 세상에 도래하지 않았다

여기서 딱 한 잔만 더 마시자며
술을 부추기는 친구 조언을 묵살하는 밤
방황이 이토록 긴 줄 알았다면
남들처럼 적당히 선에서
타협하는 인생을 살아야 했다

사랑은 여전히 어렵고
명멸하는 별빛 속에

북극성과 카시오페이아를 자주 혼동하곤 했다

삶이란 술 취한 회전목마 같아서
제자리에 가만히 서 있는 것조차
가끔 버거울 때가 있다

아무런 줏대 없이
자꾸 2차를 권하는 무리에 휩쓸려
십은 점짐 멀이지고
길은 점차 사라지고

막차 떠난 정거장을 한참 동안 서성인다
뜻이 있는 곳에 길이 있다면
아무래도 이번 생의 모의는 실패,
인 것 같다

계륵

인생은 선택의 연속이라는데
우리네 인생 이러지도 못하고 저러지도 못하는
순간들이 얼마나 많은가?

한 남자가 말한다
얼굴은 예쁜데 머리가 나쁘다
머리는 좋은데 성격이 더럽다
성격은 좋은데 키가 작다
키는 큰데 요리를 못한다
요리는 잘하는데 몸이 뚱뚱하다
몸매는 날씬한데 얼굴이 못생겼다

한 여자가 말한다
능력은 있는데 겉멋이 없다
겉멋은 있는데 실속이 없다
실속은 있는데 짠돌이다
짠돌이는 아닌데 재미가 없다
재미는 있는데 정력이 약하다

정력은 강한데 능력이 없다

먹기는 귀찮고 버리기엔 아까운
계륵처럼

마른 멸치

채반 위에 수북이 쌓인
작고 연약한 것들이
촉촉한 시절을 말리고 있다

따뜻한 햇볕 비추는
양지바른 저곳은
파도를 모아놓은 수평선 같다

작고 힘없는 것들은
뭉쳐야 산다는 듯
거친 바다를 무리 지어 살아온 멸치 떼

죽는 그 순간까지 얼기설기
구불구불한 육신을 엮어
모래성을 쌓는다

살아도 같이 살고
죽어도 같이 죽자는 말이다

과녁

세상의 가장자리에서
정곡을 찌르기 위해
정신을 집중한다
빗나간 화살에
활시위 당겨
중심 향해
겨누는
과녁
겨누는
중심 향해
활시위 당겨
빗나간 화살에
정신을 집중한다
정곡을 찌르기 위해
세상의 가장자리에서

동백

한겨울에 꽃이 핀 이유를 묻지 말아요
꽃잎 색깔이 붉은 이유는 더욱 묻지 마세요
아무리 매서운 바람이 불어도 계절은 지나가기 마련이니
따뜻한 봄이 오면 저절로 그 이유를 알겠지요
다 지난 일인데 스치는 바람에도
꽃봉오리 통째로 떨어지는 이유를 묻지 마세요
화창한 봄날을 만끽하는 사람들과
봄볕에 말라 죽어 가는 돌이끼를
먼저 걱정하는 사람들이 같진 않죠
전 그냥 아무도 꽃망울을 터트리지 않던 그 시절에
나 홀로 핀 꽃들을 생각하며 하루를 보낼 뿐이에요
다만 숨기고 싶어도 숨길 수 없는 색조는 어쩔 수 없나 봅니다
남들처럼 울고 싶어도 웃을 수 있는
상대방을 배려하는 마음이 저에게는 없으니
그런 기대는 일찍 저버리고 바라봐 주세요
아직 밤낮으로 날씨가 쌀쌀한 것 같습니다
세상 모든 사람이 추위에 움츠리고 있을 때

저 혼자만 열정에 사로잡혀 붉은 입술 윤이 나던 그때처럼
지금은 모두가 봄인데 저 혼자만 겨울인지도 모르겠죠
저에게 '괜찮아'라고 묻는다면
저는 당연히 '괜찮다'라는 답변 이외에는 더할 말이 없죠
저를 이해하려고도 노력하지 마세요
저도 잘 모르는 저를 당신이 어떻게 알겠어요

길냥이

길에서 태어났다
하늘이 지붕이요 대지가 안방이란 말이다
그렇다고 세상 모든 만물이
전부 나의 소유라는 것은 아니고
그저 바람처럼 구름처럼 떠도는
영혼이 자유로운 삶을 산다는 뜻이다
발톱을 항상 숨기며 사는데
위기 상황이 닥치면 요긴한 무기로 쓴다
낮에는 음지에 웅크려 있다가
밤에만 주로 활동하는 야행성이기도 하다
구석진 뒷골목을 어슬렁거리며
캣맘들이 두고 간 사료를 먹고 산다
심심하면 남의 집 옥상이나 담벼락에 웅크린 채
분주한 행인들 멍하니 바라본다
다들 제 영역 지키며 아등바등 열심히 사는데
손바닥만 한 땅덩이 집 한 채 없이
나만 이렇게 한량같이 지내도 되나 싶다
한때 도둑이라는 누명을 쓰고

사람들 눈치를 살피며 사는 세월이 길었다
천만다행으로 오해가 풀려
스스로 집사를 자처하는 이가 많아지니
요즘은 정말 살맛 나는 세상이다
가끔 간밤에 구슬픈 아기 울음소리 들리거든,
내가 잠시 왔다 간 줄 알아라

목련

왜 그런 경우 있잖아요
정말로 보고 싶은 사람이 연락은 닿지 않고
애타게 기다리는 날들만 반복되다가
속이 시커멓게 타버린 경우를 말이죠
내 생애 가장 화려했던 순간이 지나갑니다
지난 밤바람에 맥없이 툭툭 떨어지는
꽃잎을 가만히 들여다보면 알 거예요
그동안 얼마나 많은 시간 당신을 위해 살아왔는지
나조차 제대로 알 수 없는 영겁의 세월이
얼룩진 기억으로 바닥 위에 수북이 쌓입니다
간혹 저를 지나치는 사람들은 말하죠
그동안 많이 아팠었니, 몰골이 말이 아니구나
바보처럼 속마음을 감출 수가 없군요
시련을 계기로 더욱 행복해진 사람들을 봅니다
나름대로 저마다 사연은 있겠지만
나로 인해 더 깊이 상처받는 사람들도 없어야겠죠
이렇게 계절은 또 말없이 지나가나 봅니다
아무런 약속이나 기약 없이 피고 지는

하얀 손을 당신에게 뻗으면 닿을 수 있을까요
늘 순결한 척하며 꽃잎 속에 숨겨놓은
검은 속내를 모두 다 들켜버린 건 아닌가요
겉으로는 아름다운 자태를 뽐내면서
속은 문드러져 살아가는 사람이
어디 저 하나뿐이겠습니까? 그런 흔한 경우가

도미회

뜰채에 포획된 감성돔 한 마리가
휘둥그레 눈을 뜬 채
허공 속을 파닥인다

흰 접시 위에 현란한 모양새로
젤리처럼 말랑말랑한 살점들이
사람의 입에서 입으로 오르내린다

피로 얼룩진 형장을 향해
한 바가지 물을 붓자
들숨 날숨 힘겹게 숨 쉬던 아가미 항변은 멈춘다

가게 한구석에 내팽개친
잘려 나간 생선 대가리의 주둥이가
계속해서 입을 벌름거린다

피고인은 아직도 살아있다

제4부

데자뷔

내가 말한 창조가 사실은 모방에 불과함을 고백합니다
남들의 언사를 지금까지 우려먹고 살았습니다
가난할수록 겉모습만 화려하게 포장하는
연습을 게을리 하지 않습니다
어차피 인생은 서로 속고 속이는 과정의 연속이니까
과장된 불신이 믿음으로 성장하려면
제법 그럴법한 논리가 우리에겐 필요합니다
진실은 불편하고 진리는 불변하는 습성을 믿습니다
거리를 활보하는 다양한 사람들
어제의 당신과 오늘의 당신이 다른 모습일지라도
내 안의 당신은 여전히 그대로입니다
눈가의 잔주름이 깊어져 고민하는 당신은
당신이 아니라는 반증입니다
예나 지금이나 먹고사는 문제는 매우 중요하더군요
그동안 당신은 무얼 먹고 살았나요?
저는 매운 음식이라면 무조건 다 잘 먹습니다

천직

아무리 오랫동안 라면을 먹어도
질리지 않는 것은
신이 내려준 가장 큰 축복이었다

결혼할 시기를 놓친 건지, 안 한 건지 모르겠으나
지금껏 나 홀로 사는 것은
득(得)보다 실(失)이 적은 결과였다

신형 자동차에 무관심하고
집을 따로 소유하려는 집착이 없는 것도
불행 중 다행스러운 일이었다

여행도 귀찮고
골프 같은 취미생활을 중노동으로 여기며
종이와 볼펜 한 자루만으로
온종일 골방에서 골몰할 수 있는 것은
정말로 큰 행운이었다

흔히 글 쓰는 능력은 타고난다지만
내가 보기에 그건 오해다
글을 잘 쓰는 능력은 철저한 노력의 산물이다

정작 타고나야 할 것은
따로 있다

법난, 십우도

속세에서 거머쥔 권력으로
첩첩산중을 헤매는 어리석은 너를 두고
심우(尋牛)라 부르겠다
그대 군홧발에 짓눌린 자취를 남겨
고요한 산사, 법당을 들이닥친 그 길이 견적(見跡)이다
저 달을 가리켰으나 잡을 수 없네
이미 힘으로 제압하는 폭력은 진실을 떠났으니
차라리 내 마음을 다스리리
불안에 집착하던 불법을 내려놓자
염화미소로 화답하는 부처님 얼굴
때로는 상대를 향해 일정한 거리를 두는 것이
더욱 가까워질 수도 있다는
이 경지를 목우(牧牛)라 말하겠다
철모를 눌러쓴 군인이 부는 휘파람 소리 따라
군용트럭에 올라타는 길
마음속 깊은 곳 자비심은 그대로인데
어제는 뜬눈으로 염불을 외우다가
오늘은 고문으로 지새우는 밤

본래 몸에는 마음이 없고, 마음에도 몸은 없었나니
나를 잊고, 너를 잊은 이 상태를
인우구망(人牛俱忘)이라 말하겠다
한 세상 빈손으로 왔다가 빈손으로 돌아가는
역사의 굴레 속에 텅 빈 원(圓) 하나
모든 집착이 사라져버린
반본환원(返本還源)이다
다음 세상에 그대를 다시 만난다고 하더라도
나는 그대에게
여전히 손을 내밀 것이다

괴벨스의 입

친애하는 국민 여러분!
침몰하는 배 안에 가만히 계십시오
국가를 믿고 해경이 올 때까지
민간잠수부 구조에 의지해선 안 됩니다
무상급식, 무상보육을 선동하는
종북세력들의 포퓰리즘에 속지 마십시오
여기는 사회주의 국가가 아닙니다
자유민주주의를 수호하는 헬조선입니다
하루빨리 의료민영화를 앞당겨서
온 국민의 건강을 책임지는 현 정부가 되겠습니다
부자 감세로 부족해진 세금은
담뱃값을 두 배로 올려 거둘 것입니다
폐암으로 죽을 지경에 이르면
민영화된 의료기관을 자주 이용해주십시오
스크린도어를 보수하다 목숨 잃은
열아홉 살 청년은 정규직이 아닙니다
메피아 패밀리가 아닌 이상
아무런 법적 책임을 물을 수 없습니다

아직도 종군위안부를 강제징용으로 생각하십니까
철없는 열두 살짜리 어린 소녀들이
돈맛을 알고 자발적인 매춘을 한 것입니다
친일파 후손들을 도덕적으로 비방하는
그릇된 역사관을 바로잡겠습니다
국정교과서의 저자가 누구인지 묻지 말아주십시오
존경하는 국민 여러분!
여러분은 개, 돼지들입니다
거리로 뛰쳐나와 멍멍, 꿀꿀 부르짖는
폭력시위는 엄연한 불법입니다
공권력을 투입해서 반드시 응징할 것입니다
배후세력은 도대체 누굽니까

큰사발면

정규직과 비정규직 사이에서
면발처럼 꼬여버린 인생이었습니다
스티로폼 용기 안을 가만히 들여다보면
지나온 내력들이 가늘고 길게 늘어집니다
즉석에서 채용된 직장인만큼
분말스프처럼 짜디짠 월급을 받습니다
비굴함과 떳떳함의 언저리에서
배부른 돼지보다 사람답게 살고 싶었습니다
믿기지 않겠지만 시키는 모든 일은
삼 분 만에 완벽하게 처리해야 합니다
온몸에서 모락모락 김이 나는 상황들이
일상다반사가 되어버린 작업 현장
땀방울이 진국처럼 근무복을 흥건히 적십니다
저 멀리서 전철이 달려오고 있습니다
레일 위에 웅크린 자세로 옹기종기 모여 앉아
고장 난 스크린도어를 수리하는 동안
몇 번의 경적이 울렸으나 들리지 않습니다
위에서 특별한 지시가 없는 이상

어떻게든 작업은 마무리 지어야 하겠지요
목숨보다 소중한 게 자동문이니까요
비리로 얼룩진 곳에서 정직한 삶의 대가는
자식 잃은 부모의 서러운 눈물뿐입니다
빛바랜 가방 속을 가만히 들여다보면
포장도 뜯지 않은 청춘이 곤한 잠을 청합니다
큰 사발 먹고 큰 일꾼 되려는 사람들이
방금 구의역에 정차한 전철 안에서
세상 밖으로 우르르 몰려나오고 있습니다

동행복권

간밤에 길몽을 꾸었을 것이다
고심 끝에 여섯 자리 숫자를 마킹했을 것이다
인생 대박이거나 아님 쪽박을 차거나
행운의 여신이 우리를 향해
짓궂은 장난을 치는 줄도 모를 일이다

장장 팔백십오만 분의 일이라는
치열한 경쟁률을 뚫을 수만 있다면
인생에 정답은 없다지만
인생은 죽을 때까지 시험의 연속이어서

시간을 거슬러 학창 시절,
답안을 제출하는 마지막 순간까지 정답이 무엇인 줄 모르고
허방을 남발했던 실전 모의고사
1등은 항상 정해진 자들의 몫이었던 것처럼
타고난 운명을 어디 그리 쉽게
한방에 뒤집어엎을 수 있겠는가

고민 끝에 악수를 둔 패착에 대하여
빈 란을 채워야 할 숫자들에 대하여
점철되지 못한 헐거운 외투 속에
꾸깃꾸깃 나래 접힌 빛바랜 복권 한 장

정곡을 찌르지 못하고 비껴가는
마흔다섯 개의 구슬이 구르는 동안
다시 점을 찍는다
구슬이 굴러간다

블랙리스트

'자살'이라고 쓰고, '살자'라고 읽는다
'삶'과 '죽음'은 결국 하나라는 것을 믿는다

음지에만 서식하는 독종들이
활보하는 거리에서
양지바른 곳에 기생하는 종자들이
집결된 광장에서

촛불이 흔들린다
깃발이 펄럭인다
바람이 분다

검은 장막 배후에 가려진 세력들은 비밀이 너무 많아
어디에도 흔적 없는 살생부
명부에 적힌 사람들이 차례대로 죽어 나갔다
변심한 애인처럼 아무도 모르게

'죄악'이라고 쓰고, '최악'으로 읽는다

믿었던 도끼에 발등이 찍혀도 루비콘 강은 흐른다

빛이 어둠을 비추매
어둠이 깨닫지 못하는 나날들
혹자는 말하기를
닭의 모가지를 비틀어도 새벽은 온다고 했다

밤마다 어두운 곳 불을 밝히고
들리지 않는 곳을 향해 노래 부르고
중천에 달이 차서 기우는 자정 무렵

'외롭다'라고 쓰고, '괴롭다'라고 읽는다
'사람'이라고 쓰고, '사랑'으로 읽는다

그런 시장이 있다

오르막길인 줄 알고 걸었는데
실은 내리막길이었네
사고팔고를 무한 반복하였으나
늘 제자리에 머물렀네
여기가 바닥인 줄 알았는데
밑바닥이 있을 줄이야
밑바닥 밑에는 3층 내지는 4층
지하층이 있기도 했네
계란을 한 바구니에 담지 말라는 이유를
무참히 깨지기 전까지
아는 사람은 아무도 없었네
생선 꼬리와 머리는 먹지 않는 걸
알 만한 나이가 되니
떨어지는 칼날을 피할 수 있었네
내 뜻대로 움직이는 세상인 줄 알았는데
실은 세상의 흐름 속에
내 몸을 그저 맡기는 것에 불과했네
결단을 내려야 할 순간에

합리적인 판단만이 능사는 아니란 걸
차트를 들여다보며 깨달았네
항상 미래를 예측하며
오늘도 시장에 뛰어들지만
예상대로 시장이 흘러간 적 없었네
한 치 앞도 볼 수 없는
험난한 우리네 인생도 그러했네

노브랜드

제 이름을 묻지 마세요
고향도 묻지 말아요
그냥 있는 모습 그대로 직접
눈으로 확인해주세요
아버지 직업을 모릅니다
물려받은 재산도 없습니다
주변 사람 중에 잘나가는 사람도 없고
믿는 구석이라곤
오로지 저밖에 없습니다
실력, 노력, 능력 앞에서
학연, 지연, 혈연을 들추지 마십시오
세상이 저를 불신하듯이
저 또한 세상을 믿지 않습니다
그래도 알 만한 사람들은 모두
저를 다 알고 있더군요
몰라서 선택하지 않은 적은 있어도
한 번만 선택한 경우는 없었노라고
모든 걸 부정해도, 결국

가성비 하나만큼은 최고라는 걸
뭐, 어쩌겠습니까
원래 세상이 다 그렇고 그런 거라는데
그렇게 살다 죽어야겠죠
당신이나 나나
유명 브랜드는 아니잖아요

동학 개미

가는 허리춤 질끈 동여매고
가파른 능선을 기어오른다

그동안 꼬깃꼬깃 모아둔 푼돈을 움켜쥐고
매달 꼬박꼬박 부었던 적금도 깨고
영혼까지 끌어서 마련한 종자돈

페로몬 향기 가득한 길섶에는
돈 냄새를 맡고 몰려든 개미 떼가
무덤을 만들기 시작하는데

전우의 시체를 넘고 넘어
하루에도 수십 번씩 오르락내리락하는 호가창
전고점을 바로 눈앞에 두고
그냥 여기서 멈출 순 없지

어차피 인생은 한방이니까
이번 기회를 놓치면

다시는 봉혈(封穴) 속에 볕들 날은 없을 테니까

더듬이를 내밀어 발굴한 우량주에
빚내서도 투자를 해야지
묻고 더블로 가야지

코스피 3000고지를 탈환한 이후
잠시 숨 고르기에 들어간 유동성 장세
전리품처럼 쌓인 주식 물량은 자꾸 늘어나는데
경제적 자유는 언제쯤 오시려나

고도의 경제 성장이 멈추고
근면, 성실, 정직이 통용되던 시대가 저물었으니
오늘도 계좌에 총알을 장전한 채
치열한 공방전을 펼치는 이여!

대패삼겹살

회식 모임이 있는 특별한 날이면
대패삼겹살이 자주 생각났었지
불판 위에는 지글지글 돼지기름 흘러내리고
불타는 청춘들 옹기종기 모여 앉아
다가오지 않을 미래를 한잔 술로 달래곤 했지
고기를 얹자마자 곧바로 먹을 수 있는
치열한 젓가락질 사투를 벌이던 시절
한 소쿠리 5인분을 주문하면
한 사람이 거뜬히 먹어치우기도 했지
이젠 특별한 날이 아니어도
언제든지 부담 없이 대패삼겹살을 시켜서
즐길 수 있는 나이
요즘도 그런 싸구려 고기를 먹냐며
핀잔주는 친구들이 늘어나기 시작했지
바싹 구운 고기는 너무 딱딱해서
먹기 부담스러워하는 사람들
입에서 자꾸 나무껍질 씹는 맛이 난다고 했지
입맛이 싸구려인 나는 여전히

그 시절 옛 추억을 떠올리며 사는데
주변 사람들은 그때를 잊고 싶다고 했지
남의 호주머니 속 지갑을 열지 않고
난생처음 내 돈으로 고깃값을 계산할 수 있었던
그 맛을 절대 잊을 수가 없었지

노량진의 별

저녁이 없는 삶이었다 가난은 늘 그림자처럼 따라다녔다 두꺼운 수험서를 펼치면 청춘이 걸어온 길목에는 여기저기 밑줄이 그어져 있었다 목차를 넘길 때마다 빼곡한 활자로 가득한 페이지 놓치면 안 되는 문장에 별을 달고 여백이 생기는 공간마다 각주를 달기 시작했다 서너 평 남짓한 비좁은 공간 속에서 언제쯤 마지막 책장을 덮을지 도무지 알 수 없는 기나긴 여정의 시작이었다 여러 해를 넘길수록 낮보다 밤에 활동이 길어지는 날들이었다 점점 야행성 동물이 되어갔다 서당 개 삼 년이면 풍월을 읊는다지만 주변에 그런 일은 발생하지 않았다 별책부록에 수록된 밤하늘 가장 먼저 떠올라 가장 늦게 지는 별이 샛별이고, 샛별이 곧 금성이란 걸 금성의 다른 이름은 개밥바라기별이란 걸 알 만한 여유가 없었다 하늘에서 떨어진 별들이 노량진 골목 곳곳에 신호등 불빛처럼 깜빡이고 있었다 한번 건너면 다시 돌아올 수 없는 젊은 날의 기록이었다

해설

마음의 지도를 그리는 한 철학자의 하루

— 권수진 시의 의미

김경복(문학평론가 · 경남대 교수)

직접 대면하고 싶은 모습들과
피하고 싶은 현실 사이 괴리감
…(중략)…
당신은 하루에 몇 번이나 당신을 만납니까
그동안 진실을 고백한 경우는 몇 번입니까
진실을 고백할 만한 상대는 있습니까
—「페르소나」 부분

가끔 가슴을 할퀴는 시를 만날 때가 있다. 일상의 몽롱함과 무미건조함을 마치 죽비로 내려치는 듯한 통증과 함께 이상야릇한 쾌감을 동시에 느껴지게 하는 작품. 아프기도 하고 시원하기도 하여 하나의 말로서 그 감정을 다 설명하지 못한 채, 어질어질한 머리로 삶의 어느 하루를 보내게 하는 시 작품과 부딪칠 때가 있다. 그것도 운명일까? 자신의 현존을 돌아보게 하는 이런 작품을 만난다는 것은 행운일 것이다. 그런 작품에서 우리는 예술의 위대함을 느낀다. 고만고만한 즐거움이 아니라 일상에 매몰되어 살아가는 우리에게 죽비의 고통으로써 삶과 존재의 의미를 다시금 생각하게 하는 작품이야말로 진정한 시의 위엄을 지니고 있다고 말할 수 있는 것이다.

권수진의 시 「페르소나」의 구절이 나에게 그렇게 다가왔다. 무엇보다 시의 진행 가운데 던진 질문, "당신은 하루에 몇 번이나 당신을 만납니까"에 정신이 번쩍 들었다. 나는 나를 생각하며 살고 있었던가? 문득 말할 수 없는 회한이 일었다. 나는 정말 제대로 살고 있는 것이 맞나? 실상, 이 물음은 권수진 시인만이 던질 수 있는 내용도 아니고, 나 자신도 이런 종류의 질문을 평소에 가끔 접해 왔기에 이런 반응을 보인다는 것 자체가 뜬금없는 일일 수도 있다. 그렇지만, 왜 그런지 알 수 없지만, 나는 이 시점에, 이 시구에 와서 전율을 느낀 것은 사실이다. 왜 그렇게 되었을까? 그 이유를 해명하는 것 중 하나는 독자로서의 나의 심리를 해명하는 것이 되겠는데, 그것은 너무나 다양한 심층과 서사가 숨어 있을 것 같아 설명하기 힘들 것 같다. 그것보다 권수진의 시집을 읽어가는 동안 누구나 이런 감정을 가지게끔 그의 사유가 그의 시세계를 이렇게 정교하게 설계하고 있고, 그에 따라 독자 역시 그 사유의 흐름에 동참하게 될 때 번개처럼, 폭포처럼 비슷한 감정에 휩싸이게 된다는 설명이 보다 더 적절해 보인다. 그런 점에서 그의 시는 송곳 같은 질문으로 우리의 잠자는 영혼을 깨우는 각성제 같다.

그에 따라 그의 시 구절 중 상당 부분은 물음의 형식을 취하고 있다. 가령, "나는 도대체 누구인가?"(「아비투스」), "나는 지금껏 무슨 화두를 붙잡고 살았는가?"(「프로네시스」), "너란 사람은 도대체 어디에서/운명 같은 만남을 거부한 채/북망산천을 떠도느냐"(「카르마」)라는 구절들이 바로 그와 같은 것들인데, 이런 구절을 보게 될 때마다 독자는 시인의 생각을 엿보는 동시에 보는 사람으로서 자신의 처지를 시적 상황에 대입하고 헤아려 감상은 한없이 느려지게 된다. 생각은 하염없이 허공을 헤매게 되면서 현실적 자신에서 벗어나 이상한 세계의 강변을 거닐고 있음을 발견한다. 한 시인의 발언이 곧 나 자신에 대한 질문이 되어 시적 세계의 화자와 다름없이 점점 고통스러워질 때, 우리는 시를 읽는가, 나 자신의 거울을 보고 있는가 하는 일로 혼미해진다. 시가 현실이 되고, 현실이 시가 되는 것과 같은 이상야릇한 어지럼증에 잠시 휩싸이게 되는 것이다.

그러면서, 끝내 권수진 시인이 문제 삼고 있는 질문, 즉 "모든 질문이 먹고사는 문제로 귀결된다면/각자 능력에 맞는 응분의 몫이 주어져야 한다고/가이사의 것은 가이사에게로"(「프로네시스」)라는 구절이 참으로 현실적 존재에게 부과된 운명으로 인해 애잔하고 처량하기 짝이 없는 실존적 질문이자 문제임을 알게 된다. 이 시인 역시 자신의 실존적 조건의 어려움을 이렇게 읊조리고 사유하고 있구나 하는 탄식! 그 점에서 태어났고, 살아가고, 생각하는 인간 존재로서 가질 수밖에 없는 존재 구속적 조건, 그 운명의 덧없음과 끈질김에 대해 이토록 생생하게 느끼게 하고 또 하나의 생으로 살아보게끔 하는 작품을 우리는 어디에서 볼 수 있겠는가 하는 생각을 가져볼 수 있다. 하여 권수진의 시는 하나의 철학적 인간이 펼치는 파란만장한 이야기다. 그 드라마의 첩첩함과 무상함을 느껴보려면 그가 그리고 있는 시적 풍경 속으로 얼마간 들어가 볼 일이다.

시인은 무엇으로 사는가

권수진의 시를 여러 번 읽으며 드는 생각 중 하나는 이 시인은 도대체 무슨 생각으로 살고 있는가 하는 것이다. 정말 권수진은 무엇으로 살고 있을까? '왜'라는 질문을 던지기보다 이것이 더 궁금한 것은 왜라는 질문이 요구하는 답이 자칫 원론적이고 추상적인 내용이 될 것 같고 이에 비해 이 질문은 구체적이고 현실적인 답을 그의 시에서 찾을 수 있을 것 같아서다. 그에 따라 그의 시를 찬찬히 읽어보면 마음 처연해지는 사연을 보게 된다. 그의 시는 대개가 쓸쓸한 날들의 기록으로 가득 차 있다. 다음 시가 대표적인 경우가 될 것이다.

> 저녁이 없는 삶이었다 가난은 늘 그림자처럼 따라다녔다 두꺼운 수험서를 펼치면 청춘이 걸어온 길목에는 여기저기 밑줄이 그어져 있었다 목차를 넘길 때마다 빼곡한 활자로 가득한 페이지 놓치면 안 되는 문장에 별을 달고 여백이 생기는 공간마다 각주를 달기 시작했다 서너 평 남짓한 비좁은 공간 속에서 언제쯤 마지막 책장을 덮을지 도무지 알 수 없는 기나긴 여정의 시작이었다 여러 해를 넘길수록 낮보다 밤에 활동이 길어지는 날들이었다 점점 야행성 동물이 되어갔다 서당 개 삼 년이면 풍월을 읊는다지만 주변에 그런 일은 발생하지 않았다 별책부록에 수록된 밤하늘 가장 먼저 떠올라 가장 늦게 지는 별이 샛별이고, 샛별이 곧 금성이란 걸 금성의 다른 이름은 개밥바라기별이란 걸 알 만한 여유가 없었다 하늘에서 떨어진 별들이 노량진 골목 곳곳에 신호등 불빛처럼 깜빡이고 있었다 한번 건너면 다시 돌아올 수 없는 젊은 날의 기록이었다
>
> —「노량진의 별」 전문

이 시는 가난함 자체가 마치 아름다운 것처럼 보일 정도로 쓸쓸한 젊은 날의 풍경을 매우 서정적으로 직조해내고 있다. 이 시가 아름답다면 그것은 쓸쓸한 날들을 기억하는 시적 화

자의 내면적 정서가 빚는 충실함과 애잔함에서 발생할 것이다. 가난이 어찌 아름다운 조건이 될 수 있겠는가? 시적 내용은 서울 노량진에서 고시 공부를 하던 시기의 곤궁함과 쓸쓸함에 대한 이야기다. 문제는 시적 화자의 심리 상태에서 가난은 늘 지속적인 현상이라는 점이다. 곧 "저녁이 없는 삶이었다 가난은 늘 그림자처럼 따라다녔다"에서 볼 수 있는 것처럼 가난은 화자의 삶과 사유를 옥죄는 근원적 조건으로 주어졌다는 사실의 확인이다. 추측건대 세월이 흘러 아마 이 시를 쓰고 있는 시점에도 가난은 해소되지 않은 조건이 되어 화자의 운명이 된 것으로 생각해볼 수 있다. 그것은 이 시가 결론적으로 말하고 있는 "한번 건너면 다시 돌아올 수 없는 젊은 날의 기록이었다"에서 환기하는 '불가피'와 '불가역'의 특성 때문이다. 불가피(不可避)와 불가역(不可逆)은 인간의 존재론적 특성을 설명하는 키워드다. 한번 결정되면 피할 수 없고 돌이킬 수 없는 것이 운명이라면, 이 시의 화자는 끝없이 가난할 수밖에 없는 운명에 처단된 존재가 된다. 그래서 보는 사람으로 하여금 더없이 아프게 만든다.

그렇다면 '가난'은 존재의 본질적 조건으로 볼 수 있는가? 아니면 역사·사회적 관점에서 일부 계층에게만 나타나는 예외적 현상으로 볼 것인가? 전자의 질문에서 가난은 존재의 어떤 결핍 요소를 상징하는 것으로 볼 수 있다는 점에서 철학적 해명의 대상이 된다. 후자의 가난은 제도와 능력의 문제로 갈

무리된 현실적 차별의 문제를 가리키는 것으로 세계는 극히 이 부류의 사람을 위축시킨다. 권수진의 시에 나타난 가난은 후자의 관점에서 노래하고 있음이 명백하다. 물질적 가난으로 인한 정신적 고통과 현실적 삶의 고단함이 역설적으로 매우 아름답게 느껴지고 있다는 점이 문제적이라면 문제적이다.

현실 속에서 가난한 사람이 갖는 사회적, 심리적 현상과 그 처신의 형태에 대해서는 어느 정도 우리 모두 짐작할 수 있다. 실제 가난, 그리고 가난한 사람은 아름답지 않다. 그 점에서 가난은 고통이자 질곡이다. 끔찍한 기억이다. 그런 만큼 좀처럼 떨칠 수 없는 형벌이 된다. 이 시집 속의 시적 화자, 즉 권수진의 의식 역시 이런 현상과 행위에 대해 매우 솔직하게 그리고 집요하게 이를 드러내고 있다. 그것은 시인의 뇌리 속에 가난으로 인한 삶의 과정이 하나의 형벌처럼 깊숙이 각인되어 있다는 말일 것이다.

그의 시에서 이러한 가난한 삶과 관련된 현상을 짚어보면, 매우 고통스러워하는 화자의 모습을 볼 수 있다. 가령 "한평생 들러리 인생으로 살았으니/삐딱한 자세로 축 처진 고개 떨군다"(「허수아비」), "돌이켜보면 내 인생은 실패의 연속이었다/곧게 뻗어야 할 장소에서 휘어지고/머리를 숙여야 할 자리에서/빳빳하게 고개를 치켜세웠다"(「코스모스」), "고요한 어둠 속에/한 치 앞도 볼 수 없는 검은 미래가/내 어깨를 짓누를 때"(「번개탄」), "살면서 집 한 채 짓기는 왜 그리도 힘든지/시간이 흐를수록 실수는 잦아지고/내 입지는 점점 궁지로 내몰리고 있었지"(「알파고」), "그리하여 결국 나는 혼자가 되었다/그냥 혼자 살기로 했다//사람들은 결혼을 안 하는 것이 아니라/못하는 것이라 했다"(「노총각에서 독거노인 사이」) 등의 구절들이 바로 그런 내용을 보여준다. 모두 위축되고, 나약하고, 불안해서 전전긍긍하는 존재들의 모습이다. 현실적 존재의 이런 특성 때문에 심지어 시인이 되고 난 이후의 문단 삶에서도 "돌이켜보면 삶의 중심 한가운데/흑심만 품고 살았나 보다/가눌 수 없는 육신을 볼펜대에 의지한 채/편백나무 향기를 모두 잃었으니/수없이 버려질 종이 위에/그 흔한 시 한 편 남기지 못했으니"(「몽당연필」), "등단 이후 지금까지/문인들 사이에서/이런 대접을 한 번도 받아본 적 없었다"(「선의의 제3자」)고 토로하면서 자신의 소심함과 무능력함을 가난한 삶과 연관 지어 진술하고 있다. 이런 시들의 미덕은 자신의 처지에 대한 표현에서 매우 정직한 응시를 하고 있다는 점이다. 자신의 운명과 존재성에 대해 외면하거나 꺼리지 않고, 특히 도망치지 않고 직시하고 있는 것이다. 이러한 태도는 새로운 미적 정신을 낳는다. 운명에 대한 도전과 저항의 정신을 발생시킨다.

시적 정보로 볼 때 권수진 시인의 가난함에 대한 것은 가정적 환경에서 유래된 것으로 볼 수 있다. 어머니에 대한 시로 보이는 작품, 곧 "우리 집 안방에 청어 한 마리 반듯하게 누워 있다/백내장 시술 놓친 동태눈을 감은 채/아가미 대신 반쯤 벌린 입으로 숨을 쉰다/해감내 진동하는 어시장 좌판 위에서/살아 펄떡이는 싱싱한 활어들을 다듬던 여자/…(중략)…/한평생 여자이기를 포기하고/자갈치 아지매로 거친 삶을 살아야 했던/파도를 짊어진 고달픈 인생이 저물고 있다"(「잠자는 청어」)에서 볼 수 있는 것처럼 현실적 가난이 시인의 젊은 날과 현재적 삶의 모습에 많은 영향을 미쳤을 것이다. 그 점에서 가난은 역사·사회적 관점의 문제임은 분명하다. 그러나 권수진의 시를 읽으면 읽을수록 가난은 물질적 가난의 문제로만 환원되지 않음을 보게 된다. 왜 그는 실질적 가난함에 고통받고 있다면, 현실적 부를 쟁취할 수 있는 길로 나아가지 않고 있는가 하는 의문 때문이다. 그는 역설적이게도 가난을 해소해주는 것과 거의 무관하게 현실에서 '철학'을 전공했고, 나이가 들어가면서 가난한 삶을 해결해주는 것과는 아무 상관없는 '시인'이 되고 있다. 시 속에서 이는 철학적 사유와 시적 글쓰기로 나타난다고 해야 할 것이다. 왜 그는 현실적 삶을 좀 더 편하게 살 수 있는 이공계에 진학하지 않았고, 좀 더 돈이 되는 직업에 뛰어들어 매진하지 못하였나? 이 물음에 대한 구체적이고 사실적인 대답은 문학적 대답이 될 수 없다. 이 물음에 대한 답은 오직 시적 도정과 시적 논리에서 찾아지고 규명되어야 할 것이다. 다음 시가 하나의 답이 될 수 있을 것으로 보인다.

바다는 파란만장한 우리네 인생 같아서

잔물결 속에서도 거센 풍랑이 일고, 파도는 멈추는 법을 몰랐다

저 멀리 고단한 여정을 마친 고기 떼가 다시 섬으로 밀려오기 시작하면

망망대해 표류하던 내 삶도 점등인의 별이 되어 깜빡거렸다

바다 위에서 흔들리지 않는 것은 아무것도 없었다

—「등대지기」 부분

이 시의 초점은 우리의 존재성에 대한 시인의 해명에 있다. 인생은 바다 위에 있는 것과 같아 늘 흔들린다는 것. 때문에 흔들리는 것을 의식하는 것이야말로 "내 삶도 점등인의 별이 되어 깜빡거리"는 것과 다름없다는 것. 별이 되어 깜빡거리는 것은 불안한 모습으로 비쳐 보일지 몰라도 그것은 이 무의미하고 무정형의 세계에 의미의 빛을 켜는 행위라는 점에서 매우 가치 있는 형태임은 말하지 않아도 알 것이다. 이것은 지

독한 사상이자 역설이다. 세속적 관점에 물든 사람이라면 누구도 삶을 바다라 생각지 않을 것이고, 흔들림 자체를 긍정적으로 바라보지 않을 것이다. 이는 존재를 자각하지 못함으로써 참된 존재의 의미를 획득하지 못하는 상태에 대한 철학적 비판이다.

존재는 존재됨을 자각해야 한다. 그 자각의 토대와 계기가 바로 이 시에서는 '바다'와 '흔들림'이다. 즉 우리의 현실 속으로 들어와 보자면 '자본주의 삶의 체제' 속에서의 '가난'이야말로 우리의 인간됨의 의미를 더욱 심도 있게 깨닫는 토대가 되고 계기가 된다는 것일 것이다. 그런 점에서 권수진의 시에서 가난은 이 시대의 인간 존재론의 본질적 조건이자 사회·역사적 운명의 특성을 동시에 지닌다. 그렇게 본다면 가난은 단순한 물질적, 현실적 차원의 문제가 아니라 정신적, 초월적 차원의 결핍을 가리키는 것일 수도 있다. 그에 따라 권수진 시인은 현실적 삶에서 발생하는 결핍, 즉 가난으로 인한 삶의 질곡과 한계를 벗어나고 싶은 것으로 생을 살아가고 시를 쓰고 있다고 볼 수 있는 것이다. 때문에 시인의 양식은 존재의 결핍에서 오는 상처, 즉 결핍을 채우고자 하는 욕망으로 살고 있다고 말해야 하리라. 그때 가난은 결코 생의 누추함이나 비굴함이 아니라 생의 의미를 찾고 닦게 하는 하나의 시련이다.

시인은 무엇을 보는가

그런 점에서 시인의 시선은 일상적 사람의 관점과 다르다. 이를 철학도로서 시인이 된 권수진의 시가 잘 보여주고 있다. 논리를 통한 초월, 세속적 삶의 승화, 혹은 성화(聖化). 시인은 다른 자세로 다른 곳을 바라보고 있다고 우리는 말해야 할 것이다. 다음 시편이 바로 그와 같은 자세의 한 조각을 보여주는 작품이 아닐까?

우리는 같은 공간 안에서
서로 다른 신호체계를 가지고 산다

내가 걸을 때 너는 멈추고
네가 달리면 나는 서 있는
내가 본 녹색등이 너에게는 적색이었다
네가 차가울수록
나는 뜨거워지듯

…(중략)…

인파로 북적이는 횡단보도 앞에서
너는 너대로

나는 나대로

각자의 길을 걸어가는
무수한 보행자들

―「턴어라운드」 부분

이 시는 매우 명상적이다. 아니 철학적이다. 무수한 사물들이 갖는 상대성을 인간의 삶에서 찾고 있고, 이를 우주적 진리의 특성으로 밝혀내고 있다. 아무리 같은 무리일지라도 "우리는 같은 공간 안에서/서로 다른 신호체계를 가지고" 살고 있는 것이 분명하니 말이다. 따라서 죽음으로 표상되는 운명의 궁극을 추구하기 위해 존재는 "너는 너대로/나는 나대로//각자의 길을 걸어가는/무수한 보행자들"일 수밖에 없다. 그 길의 끝에서 만나게 될지 아닐지는 논리적으로 증명할 수 없기에 현재의 상태에 기반한 사유의 흐름, 즉 상대성에 기반한 사유의 진행이 절대적으로 필요하다. 과정의 진실이 진리가 될 뿐이다. 따라서 "각자의 길을 걸어가는/무수한 보행자"의 운동성과 방향성만이 중요하다. 이것이야말로 존재의 존재됨을 보여줄 수 있는 단 하나의 표지가 되기 때문이다.

그런 점에서 권수진이 "알아주는 이 없어도 때가 되면 저절로 피는 것이 꽃의 방식이라면//밤마다 어둠을 밝히는 것은 등대의 일이었다"(「등대지기」)고 밝히며, 자신의 존재성에 기반한 사유의 확장과 실천을 천명하는 것이야말로 존재성의 통찰이자 의미의 획득으로 값진 것이라 하지 않을 수 없다. 비록 존재의 현상적 모습이 부정적 형태로 주어질지라도 그것이 갖는 현재적 과정과 새로운 존재로의 도약에 대한 노력이 존재의 진정한 모습이자 진리임을 인식하고 있다는 점일 것이다.

그 점에서 "동주보다 육사가 좋았다/비가 내릴 때마다/얼큰한 매운탕에 강소주를 자주 마셨다/막걸리와 파전을 생각하면/목구멍에서 지리멸렬한 가난이 올라왔다"라고 시작되는 「아모르파티」는 바로 자신의 운명에 대한 인식과 수용을 적극적으로, 그리고 긍정적으로 수행하고 있다는 점에서 고도의 철학적 인식에 바탕을 둔 '자기애'를 보여준다고 할 수 있다. '아모르파티(amor fati)'가 자신의 운명을 사랑하라는 니체의 철학관을 보여준다는 점에서 권수진은 운명의 부름에 순응하고, 자신의 운명을 내면화하여 그 길로 나아감을, 즉 승화된 운명으로 나아감을 터득했다는 의미일 것이다. 그런 점에서 "목구멍에서 지리멸렬한 가난이 올라왔다"는 다소 당당하고 진솔한 표현은 가난이 하나의 족쇄로 작용하기보다 대상과 존재 그 자체를 인식하게 하는 하나의 계기임을 보여주는 것이라 할 수 있다. 이에 따라 권수진이 바라보는 대상은 존재의 존재됨을 완성케 하는 층위에 대한 기대와 선망이라 하지 않을 수 없다. 이를 잘 보여주는 것이 다음과 같은 작품일 것이다.

향유고래라 부르기도 하고 말향고래라고도 했다

잠시 한눈팔면 중심을 잃고 쓰러지고 마는 거친 난바다에서

부유하는 섬처럼 떠돌았다

고래 심줄처럼 질긴 사랑을 놓지 못했다

서로 지향하는 길이 달라서

너는 뭍으로 진화하고, 나는 지금도 신생대 어디쯤 머물러 있다

몇 헤르츠로 주파수를 맞추어야 할지 몰라

멍하니 수평선만 바라보고 있다

고래가 수면 위로 다시 떠오를 때까지

―「너를 기다리며」 전문

해석하기에 따라 이 시의 시적 화자는 고래일 수도 있고, 고래를 기다리고 있는 그 무엇일 수도 있다. 문제는 시적 화자인 "나는 지금도 신생대 어디쯤 머물러 있"어 진화되지 못한 상태로, 즉 존재의 존재됨을 깨우치지 못한 상태로 있다는 것이다. "서로 지향하는 길이 달라서" 아직 미몽과 현혹에서 벗어나지 못한 나 자신의 운명적 어리석음을 인정할 수밖에 없지만, 나의 내심은 "멍하니 수평선만 바라보고", "고래가 수면 위로 다시 떠오를 때"를 기다리고 있음으로 인해 초월적 욕망에 싸여 있다는 사실이다. 이는 존재의 승화, 즉 성화를 욕망한다는 의미일 것이다. 다시 말해 이것은 진정한 존재의 길을 찾기 위해 자신의 삶을 변용시켜 어리석은 자아에서 깨어나 승화된 삶을 살고자 한다는 말이며, 자신에게 주어진 틀과 경계를 넘어 수직적 상위의 세계로 나아가고자 한다는 의미일 것이다. 그 점에서 제목으로 쓴 '너를 기다리며'는 진정한 존재로의 초월에 대한 갈망이자 의식의 개시 행위이다. 사유가 끊임없이 무엇인가 되려고 하는 실천의 행위라면, 철학이 바로 그와 같고, 시적 글쓰기도 그와 같다. 철학자로서 시인이 된 권수진에게 이것은 너무나 자연스러운 발상이자 행동이 된다.

따라서 "당신과 나 사이에/건널 수 없는 낙동강이 펼쳐져 있습니다//눈에 선명하게 보이지만/손을 뻗어도 닿을 수 없는 곳/가까우면서 멀고/멀고도 가까운 거리에 있는 월영정/기다리는 법은 아는데/다가서는 법을 모릅니다"(「월영교」)라고 말하고 있는 것은 현재적 결핍을 인식하고 현재적 삶의 배치를 바꾸어서 보다 나은 상태로 가기를 염원하는 의식의 흐름이자 마음의 지도를 그리는 일이다. 권수진에게 초월적 존재가 되는 당신에게 갈 수 있게 되기까지 '기다리는 법'을 터득하는 것은 존재의 의무이자 진정한 존재로 다시 서게 되는 참된 행위라 할 수 있는 것이다. 그러므로 '가난'을 통한 인식의 단련과 초월 충동에 입각한 사유의 전개와 시 쓰기는 권수진 시인에게 이 무정형하고 무의미한 세계에서 자기의 존재성을 구원하는 유일무이한 행위라 하지 않을 수 없다. 아무런 대가가 없다 하더라도 결코 멈출 수 없는 자기 구원의 작업인 것이다. 그 작업은 지극히 어렵고 어려워 도로(徒勞)에 그칠 가능성이 크므로 그의 시적 도정을 따라간 한 사람으로서 연민의 감정을 품음과 동시에 그 불타는 행위에 찬사를 바친다.

시인동네 시인선 188

가이사의 것은 가이사에게로

초판 1쇄 인쇄 2022년 10월 24일
초판 1쇄 발행 2022년 10월 31일
지은이 권수진
펴낸이 김석봉
디자인 헤이존
펴낸곳 문학의전당
출판등록 제448-251002012000043호
주소 충북 단양군 적성면 도곡파랑로 178
전화 043-421-1977
전자우편 sbpoem@naver.com

ISBN 979-11-5896-566-2 03810

*이 시집은 2022년 경남문화예술진흥원의 문화예술지원을 보조받아 제작되었습니다.